AF243020

A M. WALLON

MINISTRE DE L'INSTRUCTION PUBLIQUE ET DES CULTES

LE CLERGÉ

ET

LA RÉPUBLIQUE

PAR

L. COUSSE

Ex-rédacteur en chef du **Républicain du Tarn-et-Garonne**.
Ex-rédacteur de la **Réforme** et de l'**Émancipation**,
de Toulouse, etc., etc.

PRÉCÉDÉ D'UNE LETTRE DE M. JEAN DAVID

PARIS

LIBRAIRIE INTERNATIONALE A. LACROIX & Cᵉ, ÉDITEURS

13, FAUBOURG MONTMARTRE

1875

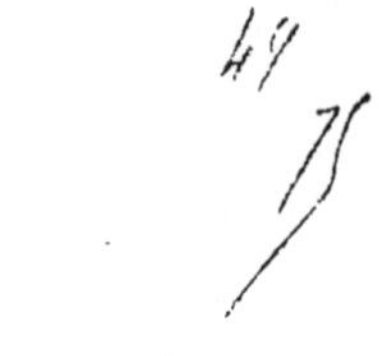

Cher Monsieur,

Vous faites fort bien de publier le travail que vous m'avez communiqué il y a quelques jours et dont votre éditeur vient de me faire parvenir les épreuves.

Vous avez avec un rare bonheur condensé dans quelques pages tout ce que l'on peut, au point de vue de la religion catholique, dire en faveur de la République, et je ne saurais assez recommander à nos compatriotes la lecture de votre très intéressant opuscule. Je voudrais surtout qu'il fût lu par les curés de nos communes rurales, ces pauvres ministres d'une religion que son fondateur fit toute d'humilité, d'abnégation et de liberté. Non pas certes que j'espère que vous puissiez les rendre républicains, mais parce que, j'en suis sûr, en vous lisant, ils reconnaîtraient la voix d'un ami.

A un point de vue plus général, votre brochure a son utilité et une grande portée.

Au temps où nous sommes, de par la Société de Jésus, les questions politico-religieuses, qu'on pouvait croire résolues, renaissent en apparence plus vivaces que jamais. On se croirait au lendemain de la Renaissance, et les soldats de Loyola partent en guerre comme si le flambeau du dix-huitième siècle n'avait pas encore éclairé le monde.

J'ai cru longtemps, comme vous le croyez encore, que la séparation était une arme suffisante pour résister aux légions ultramontaines ; il me semblait qu'on pouvait faire de la politique sans toucher à la religion ; je vous l'avoue, cela me paraît bien difficile aujourd'hui.

La papauté — je devrais dire les jésuites, car le but de saint Ignace est maintenant atteint — la papauté réclame dans le monde entier la suprématie politique comme corollaire de sa mission divine ; or, depuis le *Syllabus,* on n'en peut pas douter, elle est inconciliable avec la civilisation moderne.

Pour la lutte suprême, derrière ses apôtres et ses docteurs, il faut au saint-siége une armée nombreuse et bien équipée ; profitant de nos désastres, il a compris qu'il pourrait trouver en France cet appui séculier nécessaire à son prestige ; grâce aux complaisantes faiblesses des élus du 8 février, il lui semble qu'il touche au but.

Je n'ai aucune inquiétude sur le résultat final, mais je ne voudrais pas voir notre chère France lancée dans les aventures ; c'est donc le moment de résister, et puisqu'on nous convie à la lutte, il faut qu'elle soit sérieuse.

Il ne s'agit pas seulement aujourd'hui, comme au temps de Luther, de décider si le *criterium* de la vérité est dans l'Église ou dans la Bible; il s'agit de savoir qui préside au gouvernement du monde. Est-ce une immuable et primordiale loi ? Est-ce une intervention divine incessante ? Ce n'est plus, vous le voyez, une question de forme, c'est une question de fond.

Immense et presque insondable problème, dont la solution existe cependant et pourrait tout concilier. Pour la trouver, il faudrait l'étudier, la chercher de bonne foi, sans arrière-pensée, sans souci aucun des intérêts humains.

Mais, hélas ! que penser d'adversaires qui ont chanté le *Te Deum* au lendemain du crime incontestable de Décembre; de gens dont le poète a pu dire :

> Prêtre, ta messe, écho des feux de peloton,
>   Est une chose impie !
> . . . .
> Le meurtre à tes côtés suit l'office divin,
>   Criant : Feu, sur qui bouge !
> Satan tient la burette, et ce n'est pas de vin
>   Que ton ciboire est rouge !

Que penser ? sinon ce que Giordano Bruno pensait de ses persécuteurs, se plaignant de ne trouver partout que le scepticisme caché sous l'hypocrisie religieuse, et alors comment discuter avec eux ?

Est-il sage de laisser la société exposée aux atteintes de pareils adversaires, et, je le répète, la séparation, but suprême, serait-elle un moyen suffisant aujourd'hui ?

Voilà la question au point où, malheureusement,

à l'heure actuelle, les entreprises cléricales la placent pour tout homme de bon sens.

Vous qui avez, mon Cher Monsieur, l'habitude et la connaissance des choses théologiques, essayez de la résoudre.

Votre bien dévoué,

JEAN DAVID.

27 Octobre 1875.

LE CLERGÉ ET LA RÉPUBLIQUE

A M. WALLON

MINISTRE DE L'INSTRUCTION PUBLIQUE ET DES CULTES

I

Connaissez-vous l'idéal, le rêve d'un grand nombre de libérâtres ou libéraux de notre époque ? Devinez... mais vous y êtes déjà : c'est « l'alliance de la liberté et de la religion » de l'Encyclique et du *Syllabus*, de Pie IX et du P. Bex... L'ancien président du Comité des Vieux-Catholiques de Paris ne doute pas que la chose ne soit possible et fait ses efforts pour la réaliser... Il est dans son rôle.

M. Wallon, en effet, — chacun sait ça — a pris, dans la discussion de la loi sur la liberté de l'enseignement supérieur, une attitude qui a été sévèrement jugée... et, naguère encore il prononçait du haut de la tribune des paroles étonnantes (1) qui ne méritaient pas moins de l'être... Hélas ! croire « aux sentiments républicains » du clergé français et le proclamer bien haut, comme l'a fait M. le ministre, c'est à la fois se tromper soi-même, donner le change à l'opinion publique et recommencer les errements de 1848.

Il n'est donc pas inutile de s'expliquer sur ce point, de

---

(1) Voir la réponse du ministre à M. Pernolet à propos du *Domine salvam Rempublicam* que les évêques ne peuvent se résoudre à faire chanter.

traiter cette question du clergé et de la résoudre dans le sens libéral. Le moment ne saurait être mieux choisi : la politique est en vacances, et rien de bien important ne nous arrive de Versailles depuis le départ de cette Assemblée que la dissolution attend, « comme le fossoyeur attend le cadavre pour jeter sur lui la dernière pelletée de terre... »

D'ailleurs, les questions religieuses ne sont-elles pas à l'ordre du jour ? Les catholiques libéraux s'assemblent en congrès, et les ultramontains ne cessent pas de revendiquer l'autorité absolue, de *manifester* et d'inventer des miracles, tandis que dans toute l'Europe il se produit un grand mouvement vers la liberté religieuse. L'heure du réveil et de l'affranchissement paraît avoir sonné... et, malgré de récentes faiblesses, nous ne pouvons nous laisser ravir notre place à la tête de la civilisation.

Mais, c'est moins au point de vue religieux que *politique*, que j'entends parler de cette classe « d'asservis » qui tend à devenir la classe des « abandonnés ! » Car, sous ce rapport, elle est encore une puissance « d'autant plus dangereuse dans une République, dit Montesquieu, qu'elle est convenable dans une monarchie, surtout dans celles qui vont au despotisme. »

C'est à vous, Monsieur Wallon, que je prends la liberté d'adresser les réflexions qui vont suivre. Ministre de la République, vous avez approuvé ou toléré l'interdiction du livre de M. Gladstone, tandis que la réfutation de Mgr Nardi peut circuler librement partout ; membre de cette classe dirigeante, qui ne sait plus diriger, mais qui sert à entraver trop souvent toute marche en avant, gallican convaincu, vous croyez, même après le Concile, à la résurrection prochaine de nos vieilles libertés gallicanes... Vous oubliez, Monsieur le Ministre, que l'Eglise n'est plus qu'une secte beaucoup moins religieuse que politique, secte intolérante gouvernée par une société célèbre dont les révérends Marquigny et Sambin sont aujourd'hui les coryphées. Songez-y : nous n'avons plus affaire aux grands moines, comme Albert-le-Grand et Thomas d'Aquin, aux évêques des premiers siècles chrétiens ou aux hommes illustres du XVIIe siècle ; nous n'avons devant nous qu'un clergé qui maudit tout ce qui ne vient pas de lui, un clergé *romanisé* qui ne produit plus rien, ennemi déclaré de tout libéralisme ! Et c'est de lui et de son rôle dans l'Etat que je veux vous entretenir, m'inquiétant fort peu des haines que je vais peut-être soulever... On ne brûle plus, comme au temps de Savonarole qui mourut sur un bûcher pour avoir signalé et flétri les désordres d'Alexandre VI,—ou de Jean Huss et de Michel Servet. Et notre siècle ne connaît pas cette maxime que j'ai toujours repoussée : *Credo quia absurdum.*

II

Le clergé n'est pas républicain ! et, bien que, depuis quarante ou cinquante ans, nos curés n'aient pas montré une grande fixité d'opinions, cependant entre un représentant de la démocratie et un candidat de la féodalité ou du césarisme, ils n'ont jamais hésité... D'où vient donc cette antipathie, de plus en plus manifeste, pour la souveraineté nationale et la République qui en est l'expression ?

D'après la théologie, la forme monarchique est la forme donnée par Jésus à son Eglise, à *l'exclusion de la forme démocratique.* En un mot, par sa constitution, par sa hiérarchie, l'Eglise est, au dire d'un théologien, « une monarchie tempérée. » Or, aux yeux de tout prêtre, l'Eglise est bien la « plus parfaite des sociétés. » Donc, le prêtre est monarchiste, et, se faire républicain, ce serait reconnaître la supériorité du principe démocratique sur le principe monarchique ; ce serait rejeter l'enseignement thélogique qu'il a reçu, et, partant, encourir les peines les plus sévères.

C'est ce que le clergé ne fera jamais, saurait-il renier les maximes de l'Evangile! car, le clergé, qui ne peut pas *juger par lui-même,* mais qui doit toujours jurer « *in verba magistri,* » est en général ultramontain. Dès lors, il ne connaît d'autre Charte politique, religieuse, philosophique et sociale, que le *Syllabus* qui, non-seulement, condamne le libéralisme catholique, mais encore frappe d'anathème et tous nos principes modernes d'où découlent nos lois civiles et politiques, et tous nos droits et toutes nos libertés... Et cet *anathème,* toutes les voix du cléricalisme l'ont répété, et le Concile du Vatican n'a fait que le corroborer en lui donnant une sanction régulière et l'autorité d'une grande assemblée.

Que dis-je ? En accordant au pape l'*infaillibilité personnelle* que les siècles ne lui avaient pas reconnue, en proclamant ce dogme « qui n'est pas légalement reçu en France, » pour parler comme M. Wallon en 1872, le Concile a pour toujours consacré le principe du pouvoir absolu au détriment de la liberté, sacrifiant au « Romanisme » un des plus précieux priviléges de l'Eglise, un de ses droits, et enlevant à sa Constitution le seul caractère de monarchie tempérée qui lui restât encore.... Désormais, plus de place dans le cœur du prêtre pour les principes démocratiques ! Et ainsi, un abîme a été creusé entre la société moderne et le clergé romain.

Ce n'est pas tout. Si le clergé n'est pas républicain, c'est encore parce que l'esprit démocratique est contraire à *l'esprit ecclésiastique ,* « cette qualité indispensable à tout aspirant au sacerdoce. » J'ai dit ailleurs que « cet esprit consiste dans la conformité du caractère de chacun au caractère de tous; qu'il consiste dans l'entière acceptation des idées, opinions, principes de l'*infaillible* autorité cléricale, sous quelque forme qu'elle se présente. » Évidemment, dans de telles conditions, le prêtre ne pourrait être républicain que si ses supérieurs l'étaient aussi, et il serait superflu de démontrer qu'en cette matière, leur doctrine n'est autre que celle que Bossuet exprimait ainsi dans sa *politique tirée de l'Écriture-Sainte* : « Le » prince est un personnage public ; *tout l'Etat est en lui;* » la volonté de tout le peuple est renfermée dans la sienne. » Voyez un peuple immense réuni en une seule personne ; » voyez cette puissance sacrée, paternelle, absolue; voyez la » raison secrète qui gouverne tout le corps de l'État, renfer- » mée dans une seule tête; vous voyez l'image de Dieu dans » les rois et vous avez l'idée de la majesté royale. » Quelle image ! quelle majesté, bon Dieu !... Ce n'en est pas moins la politique cléricale... La Révolution est venue sans doute ! mais, malgré l'exemple donné par plusieurs de ses membres illustres, une grande partie du clergé refusa de s'associer au grand mouvement de cette époque fameuse. Vaincu, il émigra.

Malheureusement, on vit bientôt les émigrés revenir pour former le clergé de la Restauration, et lui léguer leur haine et leurs rancunes. Celui-ci, à son tour, a formé le clergé actuel et l'a initié à cet esprit ecclésiastique qui dit aujourd'hui comme avant la Révolution : respect pour le pouvoir absolu (le despotisme déguisé) et son principe; haine pour la liberté et ses apôtres... Et cet esprit ne change pas; de même que, sous l'empire, on en vit beaucoup, adulateurs de préfets ou de ministres, recevoir la crosse ou le petit ruban pour prix des services qu'ils avaient rendus à celui que certains évêques avaient osé appeler « *l'Homme de la Providence,* » de même aujourd'hui on les voit travailler à une restauration heureusement impossible. Certes, je le crois bien ! nos hommes sont gens de tradition.... et il est indéniable qu'avant, comme après les « *mauvais jours,* » le clergé ait toujours été l'auxiliaire de la royauté, l'allié de tout dominateur couronné....

Grâce donc à l'esprit ecclésiastique qui tient le « régiment » dans la plus parfaite docilité, le prêtre n'a pas d'opinion *propre.* Il n'est pas républicain; car, qui dit esprit ecclésiastique, dit obéissance aveugle, servilisme! et qui dit esprit républicain, dit respect aux *lois,* individualisme, liberté!...

Enfin, si le clergé n'aime pas la République, c'est qu'il subit toute sa vie les préjugés de son éducation, c'est qu'il ne peut être que *ce qu'on le fait.*

Condamné à une sorte de réclusion durant neuf mois de l'année, privé de toute initiative, n'apprenant que ce qu'on lui enseigne, ne lisant que ce qu'on lui permet de lire, le jeune homme, passé sous le joug, ne vit plus que d'une vie factice et pleine de préjugés, perd sa virilité, et, oubliant les vertus sociales dont il n'entend plus parler, ne travaille qu'à se perfectionner dans un bigotisme sans force ni grandeur... Son caractère, il doit le réformer; sa volonté, il doit la briser; sa raison, il doit la faire passer sous cet éteignoir qu'on appelle l'*argument d'autorité;* son cœur, il doit le donner à Dieu; son corps même, il doit le façonner à une tournure ecclésiastique; sa nature, il doit la contrefaire...... N'étant plus lui-même, il cesse d'être homme pour devenir instrument à la façon des automates de Robert-Houdin.

Quel noir tableau, d'ailleurs, ne lui a-t-on pas fait de la République — le gouvernement athée — et des républicains! tandis qu'on s'est plu à lui représenter la peinture du gouvernement des rois *très chrétiens (?)* sous lequel régnait la flatteuse camaraderie du curé et de son châtelain...

Voici un fait : Un séminariste disait un jour à un de ses supérieurs : — Mais, Monsieur, une République honnête pourrait être, ce me semble, un bon gouvernement.

— Malheureux, réplique le vieux prêtre enflammé d'une sainte colère, ne voyez-vous donc pas que honnêteté et République sont deux choses contradictoires? Avez-vous oublié Marat, Robespierre, Danton, etc., etc.? Oh! ne dites jamais cela, car.....

— Vous avez raison, interrompit bien vite le jeune homme qui se souvint, ou ne se souvint pas, que c'était pour avoir voulu *vivre*, pour n'avoir pas su se *taire*, pour n'avoir pas voulu être *perinde ac cadaver,* que Lamennais, Lacordaire, Maret, Loyson et tant d'autres ont été mis sous le boisseau ou rejetés du sein de l'Eglise. Hyacinthe n'avait pas voulu se courber sous le niveau désormais réglementaire du P. Félix; Lacordaire avait au cœur de l'indépendance et aimait la liberté; Maret avait fait comme Galilée; Lamennais était.... *un monstre* pour une école qui a trouvé M. Dupanloup une personnalité trop lourde, surtout trop *libérale*.... Et notre jeune séminariste ne voulant pas *manquer son avenir*, se *tut!*...

Mais, dira-t-on, hors du séminaire ne retrouvera-t-il pas son caractère et son indépendance ? — Nullement : la plante trop longtemps pliée vers la terre ne redresse plus sa tête vers les cieux... Et puis, asservi, il asservira ; il deviendra, lui aussi, un petit maître, un petit despote... Il lancera des invectives aux républicains de sa paroisse, qu'il croira écraser sous ses violentes apostrophes, et sera peut-être ce curé qui interpellait son bonnet carré et lui disait : Réponds, Voltaire ! réponds, Jean-Jacques ! et comme Voltaire restait muet, comme Jean-Jacques ne disait rien, le curé descendait triomphant de sa chaire, persuadé qu'il avait terrassé la philosophie et les philosophes du dix-huitième siècle.

Le clergé n'est donc pas républicain. Il devrait l'être pourtant ! et voici pourquoi.

III

Il n'y a pas longtemps, un libre-penseur s'écriait : « Loin
» d'être les ennemis du clergé, nous ne demandons qu'à le
» voir revenir aux traditions démocratiques de ses aînés de la
» grande Constituante, et s'associer, comme le reste des
» Français, à la vie d'une nation républicaine. » (1)

Cet appel a-t-il été entendu ?... Il méritait de l'être...

Prenez la Bible et voyez, en effet, avec quelle énergie toute
républicaine, Jéhovah proteste contre l'institution de la
royauté. Ecoutez le prophète Samuel, qui « *parle au nom du
Seigneur :* »

« Il prendra (le roi) dès qu'il règnera sur vous : Vos fils,
» pour en faire des gens de guerre et des gardes qu'il fera
» courir devant son char ;

» Vos filles, pour lui servir de boulangères, de cuisinières
« et de parfumeuses ; vos champs, vos vignes, vos oliviers pour
» les donner à ses flatteurs ; vos esclaves, vos bêtes de somme
» et l'élite de votre jeunesse pour travailler à son profit, faire
» ses moissons, ses machines de guerre et tout l'attirail de ses
» charriots ;

» Il lèvera la dîme sur votre blé et sur vos vignes pour en
» donner le produit à ses courtisans et à ses eunuques ;

» Vous serez ses esclaves et *vous déplorerez le jour où
» vous aurez choisi un roi.* »

Certes, ce jour est venu ! et toute l'histoire donne raison au
clairvoyant Jéhovah, dont les conseils « ne seraient point hors
de propos » à notre époque où l'on ose encore parler de droit
divin. Mais peut-être que l'histoire ment et que la Bible radote !

(1) Gambetta : discours de St-Quentin.

Aussi ouvrons le livre qui renferme à la fois et la plus belle morale que l'humanité ait connue, et les préceptes que doivent suivre et prêcher les prétendus ministres de l'Evangile. Or, parmi ces préceptes, on trouve les principes de liberté, d'égalité et de fraternité, qui résument si bien toute la doctrine républicaine. Qui le contesterait ?

La liberté ! je la trouve dans ces paroles : « N'appelez personne sur la terre votre *maître*, car vous n'avez tous qu'un *maître* qui est le Christ. » Je la trouve dans la sublime prière de Jésus à son père : « Que votre règne arrive ! » lui dit-il. Que peut-il être ce règne d'un Dieu qui « a la servitude en horreur », sinon un règne de paix, de lumière et de *liberté ?*... Je la trouve enfin dans ces mots : « Si vous restez dans ma parole, vous connaîtrez la vérité, et la vérité vous donnera la *liberté !* » Et pourtant Jésus ne se contente pas de prêcher la liberté en nous défendant de nous courber sous un *maître,* mais il condamne aussi toute domination :

« *Reges gentium dominantur eos... Vos autem non sic !* » dit-il à ses disciples.

Oh ! c'est bien le cas de s'écrier avec le P. Graty (qui a tenu à mourir orthodoxe, l'inconséquent !) : « Est-il donc si difficile d'entendre la voix de Dieu dans la voix du peuple ? Est-il si difficile de ramener le cri de liberté à la liberté des enfants de Dieu que saint Paul donne comme le but du progrès du monde et comme l'unique moyen de ce progrès ? » Mais, inutile d'insister ; je passe à l'égalité.

Que de fois Jésus n'a-t-il pas affirmé l'égalité de tous les hommes ! « Vous êtes tous frères ! » dit-il. Donc, nul ne peut se dire plus grand qu'un autre ! Donc, nous avons tous les mêmes droits ! Donc, nous sommes tous égaux !

Vous êtes tous frères ! N'est-ce pas cette parole qui a inspiré au grand apôtre son « *fiat æqualitas,* » et à saint Jacques cette « étonnante épître, » qu'on peut appeler « l'épître de l'égalité ? »

Vous êtes tous frères ! N'est-ce pas cette parole qui était présente à l'esprit de Thomas d'Aquin, quand, jetant un coup d'œil sur les grandes inégalités sociales de son temps, il disait aux privilégiés : « Dieu, le créateur, n'a pas fait deux Adam : un Adam *noble* et un Adam *roturier* ! Il n'en a fait qu'un. » Nous avons tous la même origine, d'après le plus grand docteur de l'Eglise. Donc, plus de droit divin ou de droits de naissance ! Il n'y a de légitimes que les distinctions ou différences actuelles du génie, du mérite ou de la vertu, qui ne constituent même pas des inégalités véritables.

Et la fraternité serait-elle moins recommandée par l'Evangile ? Poser la question, c'est la résoudre. C'est saint Jean qui s'écrie au nom de son maître : « Mes enfants, aimez-vous ! » Et le maître, à son tour : « Vous aimerez le prochain comme vous-même ! » Et ailleurs : « La plénitude de la loi, c'est la fraternité, c'est l'amour ! »

Aussi, voyez comme ils pratiquaient la fraternité les premiers chrétiens, qui ont été les premiers *communistes* : « Ils mettaient leurs biens en commun... Toute la multitude n'avait qu'un cœur et qu'une âme. Personne ne disait que rien fût à lui *en particulier* ; mais tous leurs biens étaient *communs*, en sorte qu'il n'y avait point de pauvres entre eux. » Utopie! dira-t-on peut-être ; utopie, que de prétendre à une telle perfection, mais utopie noble et généreuse qui pourrait avoir d'utiles conséquences le jour où l'on aura le droit de se réunir et *d'étudier en commun* les questions sociales, comme les cléricaux ont le droit de s'assembler pour nous accuser publiquement et combattre nos principes.

Dans tous les cas, n'est-ce pas là le fond de la doctrine républicaine ? N'est-ce pas le parti républicain qui, *seul*, prêche encore ces maximes évangéliques ? Donc, de deux choses l'une : ou le clergé doit être républicain, ou il doit cesser de se dire le ministre de l'Évangile.

Et maintenant une simple question : De quels rangs de la société sort le prêtre ? Au moyen-âge, le clergé ne se recrutait que parmi les plus grossiers paysans, et il était si méprisé qu'on disait communément : « J'aimerais mieux être *capelan* (chapelain) que faire telle ou telle chose, » comme si c'eût été un déshonneur d'être prêtre.... Aujourd'hui encore, le clergé ne se recrute guère que dans « l'infime plèbe, » comme diraient les patriciens romains. Et cependant semble-t-il qu'il ait cette origine ? — Voyez ce jeune abbé, qui a quitté hier la blouse pour prendre la soutane ; entendez-le parler marquis, noblesse, royauté.... Est-ce que son père, honnête ouvrier qui vote toujours pour les républicains, lui aurait enseigné ce jargon ? Attendez un peu : notre abbé, devenu prêtre, fera l'aristo, ne fréquentera plus que vidames et hobereaux, sans penser que par là on se moque de lui....Il ne se souvient plus d'où il sort ! Ah ! le Galiléen n'oubliait pas ainsi son origine : né dans une étable, fils de l'ouvrier, ouvrier lui-même, il se plaisait avec les petits et n'avait que des paroles sévères pour les grands de la terre.

Jeunes lévites, prêtres de nos campagnes, souvenez-vous que vous n'avez pas été bercés sur les genoux d'une duchesse, et vous n'aurez pas de peine à aimer la République et la démocratie.

Mettons de côté toutes les raisons politiques que nous pourrions donner encore, et disons pour terminer cette démonstration que le clergé devrait admettre les principes républicains et être le plus chaud défenseur du gouvernement du peuple par le peuple, dans l'intérêt même de la religion qu'il prétend servir et à laquelle ses tendances monarchiques ou autoritaires font le plus grand mal.

Ne voit-il pas qu'en se faisant le souteneur des institutions du passé, le propagateur des idées du vieux monde, il excite contre lui des haines qui atteignent la religion ou la morale dont on ne le sépare pas assez ? Sortant de sa sphère, en antagonisme constant avec notre société qu'il semble renier, en contradiction ou en lutte permanente avec le pays, il prend rang dans un parti, le parti de Rosbach et de Coblentz, qui prétend que l'autel est le pendant nécessaire du trône, irrite au lieu d'apaiser, et ainsi faillit à sa grande mission. Non, après cela, il ne faut pas s'étonner de l'immobilité stérile d'une religion autrefois si féconde en grandes œuvres ; et on peut dire en général de tous les clergés ce que Michelet disait des jésuites : « Ces dormeurs systématiques, cherchant un narcotique puissant, ont fait cet honneur à la religion de croire qu'elle était bonne à cela... Elle qui, si le monde était mort, pourrait le réveiller des morts, c'est elle justement qu'ils ont prise pour un moyen d'endormir. »

Qu'importe, en vérité ? Le clergé n'est ni républicain, ni tant soit peu libéral ! Cela suffit : les jésuites triomphent !... L'Evangile est vaincu, la raison se récrie, les intérêts les plus sacrés protestent, mais le fanatisme et le mensonge l'emportent, et le cadavre est vainqueur.

Selon saint Luc, Jésus était « *démocrate* et ébionite exalté, c'est-à-dire très opposé à la propriété et persuadé que la revanche des pauvres va venir ! » Prêtre, voilà ton modèle ! prêtre, qu'en dis-tu ?...

IV

Le clergé n'est donc pas, mais devrait être républicain. Libérâtres ou libéraux, ministres, députés ou simples citoyens, voulez-vous faire pénétrer dans cette *vieille couche* un peu de libéralisme, voire même de républicanisme, *affranchissez, émancipez* le « bas clergé ! » Mais, vous n'y réussirez pas, tant que vous n'aurez pas annulé les concordats, détruit surtout l'oligarchie épiscopale et introduit dans l'Eglise un peu de suffrage universel ou de contrôle *populaire*. Car, rien de plus absolu que cette autorité, rien de plus arbitraire que l'administration ecclésiastique.

Voyez comment se passent les choses : quand l'évêque est un homme d'énergie — ce qui est rare — c'est lui qui est maître absolu et qui dirige le diocèse avec le concours de deux ou trois *petits maîtres* qui ont bien leur *volonté*. Si l'évêque est un homme faible, ce sont encore deux ou trois meneurs de conseils épiscopaux qui font, défont, cassent sans qu'on ose leur résister. Le « bas clergé » ne peut rien, absolument rien contre cette autorité omnipotente : il s'incline pour ne pas être brisé.

Voulez-vous donc affranchir ces esclaves destinés à « conduire des aveugles ? » Voulez-vous les émanciper, de sorte qu'ils dépendent *moins* de leurs supérieurs qui ont tous les droits sur eux, et *plus* des *fidèles*, qui n'en ont aucun ? Eh ! bien, ne persécutez pas à la façon du grand chancelier d'Allemagne, M. de Bismarck : la persécution, outre qu'elle est inique, a toujours été un fort mauvais système ! Séparez plutôt, *séparez l'Eglise de l'Etat*, à l'instar des Etats-Unis d'Amérique.

Mais, comme ce mot sonne mal à l'oreille des bonnes gens trop crédules ou trop simples ! — Éclairons-les.

Séparation ne veut pas dire *destruction*, comme on le fait accroire ; et, si les partisans de la séparation étaient des destructeurs déguisés de l'Église, ils seraient donc, du même coup, des destructeurs de l'État, ce qui est absurde et absolument faux. Au lieu de détruire ces deux grands corps de notre société, par ce moyen, au contraire, chacun resterait à sa place, leurs attributions ou fonctions seraient mieux réglées et tout rentrerait dans l'ordre. N'y a-t-il pas entre les choses temporelles et les choses spirituelles toute la distance du *ciel* à la terre ? Bien mieux : on édifierait ainsi un monument indestructible à la liberté, à la justice et à la paix sociale.

C'est, en effet, au nom de la liberté de conscience que nous demandons la séparation de l'État et de *toutes* les Églises. Chaque religion doit être libre dans l'État libre, et l'un ne doit intervenir dans le domaine de l'autre qu'en ce qui touche à l'ordre social, jamais surtout empiéter sur ses droits. Que des mains pieuses couvrent l'autel de présents ou de fleurs, on ne saurait s'y opposer ou y contredire ; mais, ce serait commettre une véritable usurpation sur la conscience humaine, que de forcer, au nom de la loi civile, un juif, un protestant, un libre-penseur à contribuer de ses deniers à la construction et à la réparation de nos cathédrales et de nos églises où il n'entrera jamais, ou bien de contraindre un catholique à payer un rabbin ou un ministre de la réforme qui lui prêche une parole à laquelle il ne croit point...

C'est encore au nom de la justice et de la plus simple équité que nous réclamons cette réforme urgente. S'il est juste que chaque secte bâtisse son temple, sa mosquée, ou sa pagode, ne serait-il pas souverainement inique de me forcer à fondre des cloches fêlées qui ne sonneront pas pour moi, ou de m'obliger à participer à l'embellissement ou à l'édification de la demeure d'un fonctionnaire quelconque de l'Etat ? Pourquoi donc aurais-je la charge de loger un pasteur qui n'est pas le mien ? Personne ne paie mon médecin, et je ne paie pas le vôtre. Le prêtre, dit-on, n'est que le médecin de l'âme. Si mon âme n'est pas malade, ou si je n'ai pas besoin de votre docteur pour la guérir, serait-il donc équitable que je le paie pour vous soigner, vous, malade imaginaire qui, comme celui de Molière, se savez pas vous passer d'un Diafoirus... *spiri-tuel ?* Je le répète : que chacun entretienne son culte, paie, loge et nourrisse son prêtre, et que celui-ci fasse son métier comme nous tous, à ses risques et périls, sans avoir rien à attendre du budget, — voilà qui me paraît juste et raisonnable.

Mais, il mourra de faim, le pauvre curé, diront quelques bonnes âmes, et la religion en souffrira. Allons donc! Il ne mourait pas de faim au temps où il n'y avait ni concordat, ni budget des cultes, et la *religion d'Etat* n'en était ni moins ni plus florissante. Au moment où Luther parut, le clergé possé-dait en Angleterre un *cinquième* des terres, en Allemagne un *tiers*, et en France où il comptait 103,000 membres, il percevait 123 millions de dîmes (246 millions d'aujourd'hui). Et de nos jours, si notre législation lui laissait toute liberté et n'avait pas mis quelque entrave légale au succès de la *sainte captation*, ne redeviendrait-il pas aussi riche qu'il l'était avant la Révolution ? A coup sûr, il ne mourrait pas de faim, et du moins il n'aurait pas l'humiliation, le modeste desservant, quelquefois plein de mérite, d'émarger au budget pour la modique somme allouée à un garde champêtre, tandis que son évêque perçoit une vingtaine de mille francs par an au moins, a un factionnaire à la porte de son palais et s'endort tous les soirs sous des édredons. O sainte pauvreté !...

On pourrait encore montrer ici que notre situation financière exige impérieusement que l'on entre dans la voie des écono-mies, et que, certainement, la plus juste des économies serait la suppression des *fonctionnaires inutiles* à l'Etat !

Savez-vous, en effet, ce que nous coûtent les religions officielles, *tous les ans ?* C'est le budget des cultes qui parle :

1º Traitement de tous les clergés, pensions ecclésiastiques et secours personnels, dépenses accidentelles et autres secours, etc. 49,527,590

2º Dépenses pour les splendeurs du culte : pour les églises de Paris et de toute la France 80,000,000

3º Somme payée en 1872 par la ville de Paris pour loyers, indemnités de logement, etc., etc. 357,442

TOTAL 129,885,032

A cette somme, il faudrait ajouter les fonds votés par les Conseils généraux de France, mais je ne puis les évaluer. Eh ! bien, je le demande, et c'est tout ce que je veux dire : N'est-ce pas exorbitant ? ? ? Si c'est une indemnité *légitime* et *bien due* — ce qui n'est nullement prouvé, au contraire ! — avouez qu'elle est un peu *forte* pour n'être justifiée que par un contrat qui a le tort grave de faire du clergé *l'éternel* créancier de l'Etat. Depuis quand, s'il vous plaît, un contrat peut-il lier les générations qui ne l'ont pas signé ?...

Enfin, c'est au nom de la paix sociale que nous revendiquons l'indépendance *des deux pouvoirs*. L'histoire est pleine des tristes résultats produits par la confusion ou l'alliance des deux autorités. Que de guerres sanglantes, que de conflits désastreux dans le passé, et que de discussions inutiles, que de haines et de divisions dans le présent on aurait évité, si on eût séparé l'Etat de toutes les Eglises ! En 1814, *l'excellent* M. Fiévée demandait que « les curés fussent maires, juges, percepteurs, policiers, etc., etc., » car il trouvait « qu'on ne donnerait jamais assez d'ascendant aux prêtres, *la vraie milice des rois* » Le cher homme n'avait pas sur ce point, on en conviendra, les idées de Pierre-le-Grand, qui répondit à quelqu'un qui lui lisait un chapitre du *Spectateur* anglais contenant un parallèle entre lui et Louis XIV : « Je ne crois pas mériter la préférence qu'on me donne sur ce monarque ; mais j'ai été assez heureux pour lui être supérieur sur un *point essentiel* : j'ai forcé mon clergé à l'*obéissance* et à la *paix*, et Louis XIV s'est laissé subjuguer par le sien. »

Législateurs, voulez-vous donner la paix à la société, assurer la tranquillité des départements et des communes? Enlevez au « haut » clergé surtout, les pouvoirs et les influences qu'il a comme grand fonctionnaire de l'Etat, et qui sont, à nos yeux, peu compatibles avec sa mission et son caractère. Méditez, et surtout faites passer dans notre Charte constitutionnelle, cet article de la Constitution de l'Etat de New-York : « Les mi-
» nistres de l'Evangile étant par leur profession consacrés au
» service de Dieu, et livrés au soin de diriger les âmes, ne
» doivent point être troublés dans l'exercice de ces importants
» devoirs; en conséquence, aucun ministre de l'Evangile ou
» prêtre, à quelque secte qu'il appartienne, ne pourra être
» revêtu d'aucunes fonctions publiques, civiles ou militaires. »
Oui, soumettez le prêtre au *droit commun*, de sorte que, retiré dans son sanctuaire, il ne s'occupe plus que de la « direction spirituelle » du troupeau qui l'*aura choisi* pour son pasteur. Et pour cela, il n'y a qu'un moyen aussi juste qu'efficace : c'est la séparation de l'Eglise et de l'Etat.

V

Encore un mot. On raconte qu'un vieux chanoine, voyant un des premiers volumes imprimés qui parurent, devint tout-à-coup rêveur. Songeant au nouveau moyen que la pensée allait avoir pour se répandre, une espèce de tristesse l'envahissait. Relevant enfin la tête, il regarda les tours de Notre-Dame qui se dessinaient à l'horizon, et dit en tenant la main sur le livre : « *Ceci tuera cela !* » Comme s'il eût dit : « Gutemberg tuera le pape ! »

Depuis la révolution parlementaire du 24 mai 1873, qui a poussé le parti-prêtre au pouvoir, on a pu craindre que la France, après avoir enseigné au monde la liberté, devînt l'agent ou l'instrument de la politique ultramontaine. Les nations même se sont émues de voir un pays d'où sont parties toutes les idées libérales et démocratiques, tomber entre les mains de gouvernants, ministres et fonctionnaires de tout ordre, qui avaient fait acte d'adhésion au *Syllabus;* et cette anomalie étrange, pour ne rien dire de plus, a donné lieu à des incidents diplomatiques qui, heureusement, n'ont pas eu *encore* de suites fâcheuses ... L'attitude du cléricalisme en France et ses manifestations insensées, — au moment où partout, en Autriche, en Allemagne, en Suisse, en Italie, on les combat à outrance, — ont failli plus d'une fois compromettre notre situation en Europe. Tout le bruit que le parti-prêtre a fait à propos de la loi sur la liberté de l'enseignement supérieur, a eu un grand retentissement chez nos voisins, qui ont l'ultramontanisme en horreur, et le vote de cette loi ne nous a pas certainement attiré leur sympathie, car on comprend que, *sous prétexte de liberté,* c'est le monopole clérical qu'on a cherché à substituer au monopole universitaire, c'est la revanche que l'ancien monde a voulu prendre sur la société moderne.

Eh bien ! que les nations l'apprennent et que les cléricaux ne s'y trompent pas : nous ne pouvons pas déchoir... et toute théocratie a fait son temps. Le lévitisme, qui a ruiné, perdu de grands peuples, sera impuissant chez nous à arrêter le flot qui monte, monte toujours. En vain on essaiera de promener des bannières fleurdelisées dans de solennelles processions, de chanter des *Miserere* le long de nos chemins et de nos rues, de planter des *croix de mission* sur nos places publiques, comme sous la Restauration ! En vain, on continuera à pèleriner, à *miraculer,* à organiser des comités et des cercles catholiques ! la France ne fera jamais le sacrifice de ses libertés, qu'elle a conquises au prix de tant de luttes et de sang ; la France de Rabelais et de Montaigne, de Voltaire et de Rousseau, ne sera jamais cléricale. Nous, les champions du libre examen et les apôtres des principes de 1789, nous ne serons pas les défenseurs de l'ultramontanisme et les souteneurs de ses maximes antilibérales ! Nous, les initiateurs, nous ne pouvons pas devenir les rétrogrades ! J'en atteste l'esprit et les tendances des générations nouvelles ; j'en atteste la jeunesse de nos écoles ; j'en atteste les manifestations de l'opinion publique ; j'en atteste la nation elle-même !

Vous voulez la liberté de l'enseignement, messieurs les jésuites ? nous la voulons aussi, mais *entière* et non à la façon des Loriquet et des Nonnotte d'aujourd'hui. La science ne nous fait pas peur : nous ne l'avons jamais proscrite ! tandis que vous avez tué les savants. Oui, liberté, liberté *absolue* d'enseigner, de répandre cette science que vous avez toujours persécutée et qui, à son tour, aura raison de ceux qui, n'ayant jamais cessé d'être ses plus mortels ennemis, osent maintenant revendiquer le droit de parler en son nom ! car, c'est le cas ou jamais de répéter le mot du vieux chanoine, véritable prêtre-prophète : *Ceci tuera cela !*

Mauvezin (Gers), août 1875.

L. COUSSE.

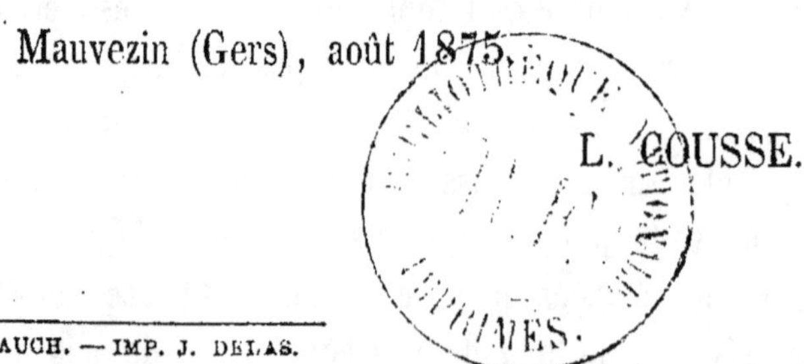

AUCH. — IMP. J. DELAS.